# 北の大地の仲間たち

anniversary edition

社会福祉法人
あかしあ労働福祉センター＝編著



萌文社

## はじめに――反戦平和と障害のある仲間たちの願い

敗戦に涙も出ない非国民

佐藤冬児（1945年8月15日）

「佐藤冬児」はペンネームで、本名・佐藤亨如さん（故人）は、あかしあ労働福祉センターの開設母体となった、身体障害者アカシヤ会の会員として、障害者の在宅投票制度訴訟など、障害者の権利獲得のために精力的に活動された。

この句は、佐藤氏が終戦記念日、つまり太平洋戦争が終結した1945年8月15日当日、当時、34歳のときに詠んだものである。障害者が戦争に役に立たない「穀潰し」「非国民」と侮蔑され、人権が奪われていた戦前の青年時代、先人たちが、どれほどの屈辱を受けていたか、想像に絶するばかりであるから、敗戦をむしろそうした抑圧からの解放の日として、密かに喜びと安堵で歓迎していた、この句はまさに彼らの本音そのものである。

あかしあ労働福祉センターは、そんな障害のある当事者たちの平和と人権を希求する運動を基礎と

あかしあ労働福祉センターのシンボルマークには、平和の象徴とされているハトが使われている。

して生まれた無認可共同作業所「手づくり工房あかしあ」を引き継ぎ、社会福祉法人を設立して現在に至っている。

そして戦後・被爆70年を経た今、戦争と障害者の人権・福祉は相容れないことをあらためてここに宣言する。それは、先人たちへの畏敬からでもある。

30周年を迎える今、何よりも大切にしなければならないことは、平和でなければ障害者の人権は守られないということ。それがわたしたちの原点であり、あらためて戦争も、原発も、わたしたちとは相容れないのだということを、一貫した立場として歩んできたことをまずはじめにお伝えしたいと思う。

本書は、手づくり工房あかしあの開設30周年記念事業の一環として、法人顧問である青木利子、理事長の北村典幸、理事の武曽ひとみ、評議員の林 優子の4人による共同執筆で稿を重ねた。記念誌というより、30年をふり返り、忘れてはならない大切なことだけを記したつもりである。法人設立以前から「あかしあ」に身を置いてきた者を代表し、身勝手な叙情詩として読み流されることを覚悟のうえで本書を世に出すことにした次第である。

編著者　青木利子　北村典幸　武曽ひとみ　林 優子

## もくじ

## Ⅱ　みんな仲間――35



## Ⅲ　全国の仲間とともに――63



表紙の絵と写真――きょうされん第7回グッズデザインコンクール（2014年）で入賞した川村俊介作「ソフトボール大会」と商品化されたミニタオル

すべての生命
かがやく未来へ
2012 北海道のうたごえ祭典
第58回 国鉄のうたごえ祭典
大音楽会

# I　想いおこせば

## ■手づくり工房あかしあの開設

何度もくり返し強調してきたことなのだが、法人の原点は、いつになっても「手づくり工房あかしあ」にある。この歴史は絶対に覆らない事実である。

身体障害者アカシヤ会旭川支部の障害のある当事者12名だけで1988年4月に立ち上げた無認可共同作業所。ここに「あかしあ」が誕生しなかったら、現在利用している障害のある仲間たちも、職場として選択し働く職員の存在もなかったはずなのである。そのことをつい忘れてしまい、「いまの自分」「これからの自分」のことだけを考える人が増えたような気がする。

当時の仲間たちや職員は「将来の仲間たち」のことを考え、そこに自分たちの人生を重ねて、夢やロマンを必死に追い求めていたのだと思う。でも、実はその道さえ、平坦ではなく、かなり茨の道であることにすぐ気がつくことにもなってしまう。

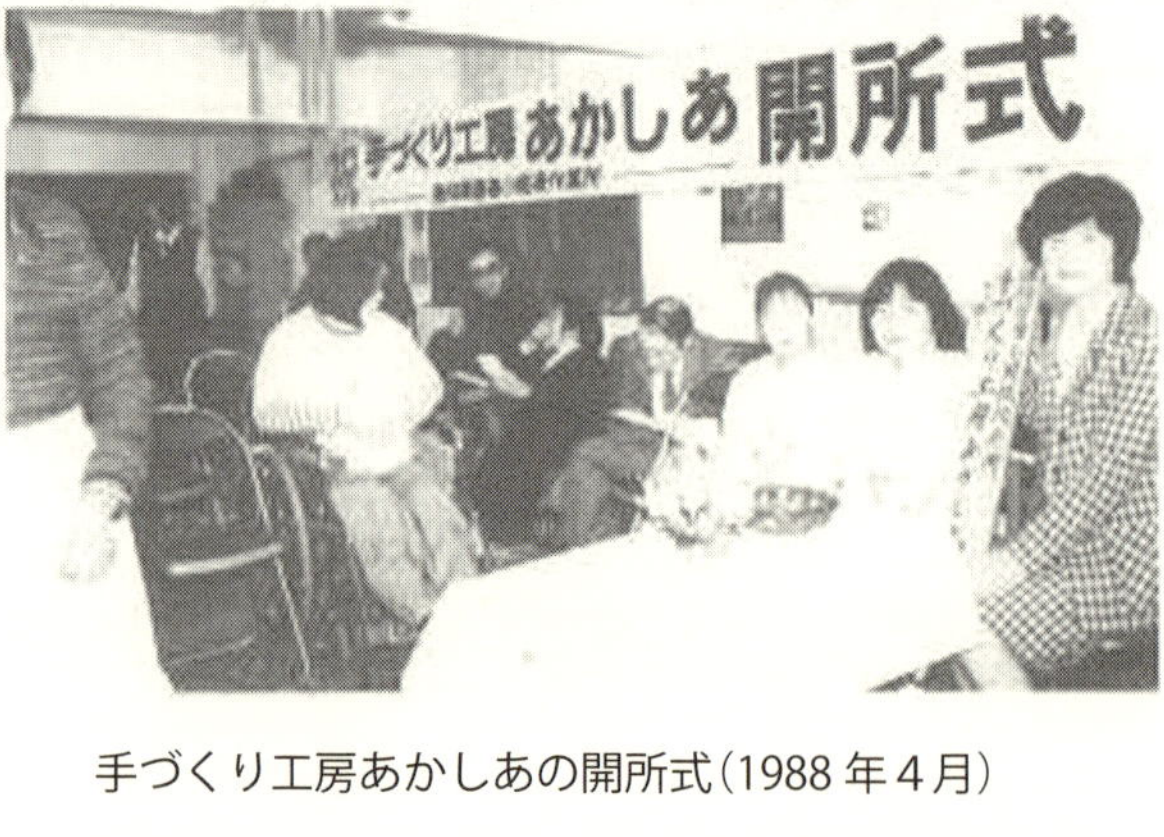


手づくり工房あかしあの開所式（1988年4月）

## ■山口ビル

手づくり工房あかしあは、山口繊維㈱の厚意で家賃は無料。光熱水費だけを支払うという格安の条件に甘えさせていただいたのだ。当時の山口信吉社長は、旭川市社会福祉協議会の役員でもあったので、同じ5階フロアーには、旭川市手をつなぐ育成会の事務局もあり、後には映画「どんぐりの家」旭川上映実行委員会の事務局も同じフロアーに事務所を借用することになった。

1991年の12月に旭川市内北門町に移転するまで、3年9カ月お世話になったこのビルは、今もなお市内中心街に堂々とそびえている。

## ■国際障害者年に学んで

手づくり工房あかしあは、当時の身体障害者アカシヤ会旭川支部（現在の旭川アカシア会）が1988年に開設した無認可の小さな作業所だ。広さはほんの11坪。

当初、通所するメンバーは主に肢体障害のあるアカシヤ会の会員のみだったが、まもなく、その他の障害をもつ仲間たちが通所を始めた。作業所を開設した根拠は「働きながら地域で暮らしていきた

山口ビル（市内２条９丁目）

い」というごくあたりまえのねがいだったのだが、働いて生きていくという、このささやかなねがいは、障害のある者にとっては、あたりまえに手に入ることではなかった。

アカシヤ会の障害のある会員たちの中には、さまざまな事情から、長く入所施設にいる者も多く、働きながら地域で暮らすことは、みんなにとって、とても遠い夢のようなことだったのだ。

1970年代に心身障害者対策基本法（現・障害者基本法）が制定され、1979年には養護学校教育の義務制が施行、障害基礎年金も創設された。1981年には「全面参加と平等」をテーマとする国際障害者年、そして1983年からは国連・障害者の10年が始まった。障害者の権利保障に向けて、世界が動き始めたのだ。そこで確認されたことは、平和であること、自由であること、そして平等であること、誰もが人間として精一杯生きる権利があること、生きることができる社会をつくることだった。

それは長い間、われわれの喉元につかえていた思い、だれもが人間の尊厳と権利について尊重されるという、世界共通の認識が明確な言語となって発せられた瞬間のようにも感じられた。

この国際障害者年を受け、北海道は「障害者に関する北海道行動計画」を施策し、1984年には3回目となる障害者国際交流派遣事業を実施した。視察先はドイツとオランダ。アカシヤ会からも青木利子が派遣された。

当時のソビエト（現在のロシア）の上空は飛行が禁止されており、成田発アンカレッジ経由、北極回りの西ヨーロッパは遠く、22時間以上の飛行だった。視察日程は、早朝から夕方にもおよぶ11日間の過密な内容だった。当時の日本の現状と比べると、はるか50年先を行くであろうと思われた医療・教育・職業・生活などの福祉事情は、実に興味深く、その後のわたしたちの作業所づくりや障害者運動に大きな影響を与えた。

とくにドイツのハイデルベルグ市にある規模、設備ともにヨーロッパ最高といわれていた、当時の「ハイデルベルグ職業再訓練センター」は、労働災害や交通事故などで障害者となった18歳以上の者約二千人が職業の再訓練を受けていた。ここで注目されたのは、訓練種目が約50種類もあり、そのうちの37種類は短大卒業程度の資格が取れること。訓練生の中には重度障害や精神障害の人々が多数いること。訓練科目には当時先端であったマイクロエレクトロニクスの技術が導入され、重度障害や視力障害者向けの労働用具やコンピューターも研究開発され、社会復帰にこの分野はたいへん成功しているとの説明だった。

日本は経済大国といわれながら、この当時の企業の障害者雇用率は平均1・25％であり、一方、ドイツは6％、フランスは10％。労働保障と所得保障、リハビリテーションは結合されており、わが国でも数年前から検討が始まっていた保護雇用制度の実際を垣間見るようだった。オランダでは都心の住宅地や商店街の近くに高齢者の集合住宅が建設され、24時間ケア体制の障害者住宅は35カ所。一地域に12〜15カ所が建設予定で、すでに12カ所が完成していると聞いた。障害者で構成する一つの村、ヘッド・ドルプでは、居住者委員会が施設で働く人々の職業病に対し具体的対策を提案していたのは興味深いことだった。

今から30数年前の西ヨーロッパのその地に立ったことを思い出し、そして現在の日本を想うと、今なお障害者には障害者向けの仕事しか用意されておらず、しかも仕事の種類はごくわずかに限定されている。障害者が科学技術の発展と恩恵からも、ずっと遠く離れた所にいる現状を、まざまざと思い知った。

さて、こうした先進の福祉事情の視察のなかで、わたしたちはこういう話も聞いた。

「いま、こういった高度の情報分野（コンピューター産業）の話をいたしましたが、単純な作業の分野に従事せざるをえない、たいへん多くの人々こそ忘れてはならないわけで、いちばん簡単な訓練、その将来性というものが、時代の変遷で少なくなろうとも、この人たちのできる仕事というものは続けていかなければならない」。このヒューマニズムなアドバイスを、深く受け止める機会となったのだった。

それから3年が経ち、「手づくり工房あかしあ」がつくられたのだ。

## ■開設した当初

運営はなかなか大変だったが、多くの市民の方々からの支援と協力があった。

開設する前年の１９８７年9月には、市内４条22丁目にボランティアで革細工を指導してくれた西田明美さん宅の2階を作業所の準備室として借りていた。肝心の作業所の場所はなかなか見つからなかったが、10月に入り、山口繊維（株）の社長（当時）だった山口信吉氏から「作業所に何かお手伝いしたいと思っても、これといったこともできませんので、一室を作業の場所にと無料でお貸しすることにしました。必要な期間使ってください」との快諾を受けたのだ。ほんとうに驚いた。ありがたいことだった。そしてその後の作業所づくりは一気呵成に進んだのだ。

その4月、2条通9丁目の山口ビルの5階に開所した手づくり工房あかしあへ、山口氏は時々顔を覗かせた。障害のある仲間たちの多忙な作業の様子を眺めては嬉しそうだった。

市内東鷹栖に住んでいた高齢のアカシヤ会の会員は、リュックにカボチャを7個も詰め、背中を丸めて激励に来てくれた。書店やデパートでは、ショーケースの一隅を割いて、革製品や布製品を置いて協力してくれた。婦人団体では手から手へと製品を販売してくれたし、いつも返事は「はーい、いいですよー」とさわやかだった。

労働組合はメーデーやさまざまな集会の各会場で多くの署名を素早く集めてくれた。関係する学校では、きょうされんカレンダーをたくさん売ってくれた。医療機関の関係者たちは、屋外で初めて開催した「あかしあまつり」を丸ごと支えてくれた。永山中央商店街、銀座通り商店街、三和商店街などからは、地域行事へのお誘いとバザーを開かせてくれた。

通所する仲間の送迎は、24時間テレビからリフト付きバスが贈られたが、当時は職員がいなかったので、運転ボランティアを募集した。するとすぐに、数名の方が引き受けてくれた。ある人は、現職のタクシードライバーで厳しい勤務体制にもかかわらず、その合間を縫ってハンドルを握ってくれた。また、ある人は持病を抱えながらも、体調を整え冬の厳しい朝夕に仲間を乗せて運行してくれた。みなさん、ともに身を削ってのボランティアだった。

## ■あのときの想いを引きついで

無認可の「手づくり工房あかしあ」は10年続き、その間に北門町13丁目に移転をしてから社会福祉法人化された。名称は大きな構えの「社会福祉法人あかしあ労働福祉センター」と変わった。

しかし、障害のある人たちが望む「働きながら、地域で暮らしていきたい」という、あたりまえのささやかなねがいの達成は、未だ不十分なままなのだ。それは日本国憲法第25条の社会保障制度は国民の生存権であり、政府が社会保障制度を充実させる責任があるとの観点にしっかりと立っていないからなのだ。

国が社会保障は人権であり、全人格に対する権利の保障にあるとの政策が実施されて、はじめて真の福祉が成立していくのだ。手づくり工房あかしあをつくったとき、わたしたちは、「個人や民間に肩代わりさせていく安上がりの福祉、日本型福祉の一担を、身を削り歯を食いしばって担ぐのでない。

欠落している社会保障の分野へ向けた人間としてのあたりまえの要求や願いを、全面的に正確に平等に、そして早期に実現すべきこととして、現在の障害者作業所運動そのものが痛烈な抗議の声としてあるのです」と記していた。

## ■シンボルマーク

冒頭でも紹介したが、「あかしあ」のシンボルマークはハトである。手づくり工房あかしあ開設当初から、8月15日の終戦記念日には反戦行動にとりくんだり、終戦直後の混乱時に医療ミスにより障害を受けた青木利子・初代理事長に学んだり、現在でも「障害者と戦争」をテーマとして研修を企画している。

現在のシンボルマークデザインは2代目で、1998年に東海大学旭川校デザイン学科の学生にデザインを依頼した。

シンボルマーク入りの正面看板

## ■送迎車あかしあ号第1号

手づくり工房あかしあを開設した当初は、送迎がなかったため、障害のある仲間たちは障害者の運行ボランティア「ふれあい号」を利用して通所したり、家族や仲間同士がお互いに助け合い、まさに自助努力で作業所に通所していた。

そこで、なんとかならないものかと、藁をもすがる思いで助成を申請し、日本テレビの24時間テレビチャリティ委員会からリフト付きバスが寄贈されたのは、1990年の暮れのことである。

あかしあ号初代1号

それ以来、これまでに計4回にわたり、リフト付きバスが寄贈されることになった。初代の「あかしあ号」1号は、5周年記念誌の表紙にその「勇姿」が写真で残っている。

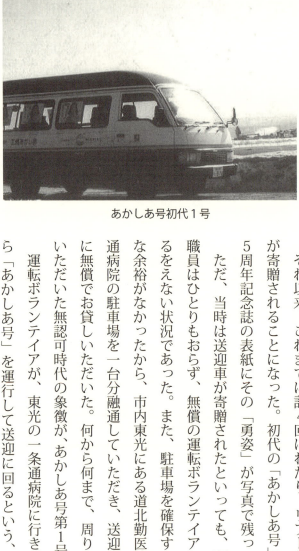

ただ、当時は送迎車が寄贈されたといっても、運転する職員はひとりもおらず、無償の運転ボランテイアに頼らざるをえない状況であった。また、駐車場を確保する財政的な余裕がなかったから、市内東光にある道北勤医協・一条通病院の駐車場を一台分融通していただき、送迎車のために無償でお貸しいただいた。何から何まで、周りに助けていただいた無認可時代の象徴が、あかしあ号第1号である。

運転ボランテイアが、東光の一条通病院に行き、そこから「あかしあ号」を運行して送迎に回るという、「あかしあ号」第1号は、法人化後の2005年まで現役で、がんばって障害のある仲間たちを送迎していたが、20万キロを走行し、ついに廃車となり、惜しまれて別れを告げた日が忘れられない。最近のオプションばかりの車両と違い、クーラーもなく手動操作ばかりだったからこそ故障も少なく、長持ちしたのではないか。そんなふうに、最近になって初代の「あかしあ号」を思い出しては、これは機械だけれども人間も同じではないかと思うことがあるのだ。

## ■全障研

手づくり工房あかしあの「生みの親」は身体障害者アカシヤ会旭川支部で、それが母親だとすれば、一方の父親は誰かと言えば「あかしあ」に事務局を置く全障研（全国障害者問題研究会）旭川サークルと言える。

全障研そのものは、1967年に、障害者の権利を守り、その発達を正しく保障することを目的として結成された研究団体で、半世紀の歴史をもつ全国組織であるが、旭川サークルは1979年の養護学校義務制施行の時期から、実態調査活動など地道な活動を重ねてきた歴史をもつ。

そして1987年に全障研北海道支部の夏期学習会が旭川で開催され、ここで全道の共同作業所づくり運動が交流され、全障研旭川サークルの教員たちとアカシヤ会の障害のある仲間たちとの出会いがなければ、間違いなく法人の組織の土台となる運営委員会はできなかったはずだし、社会福祉法人

毎月開かれている全障研旭川サークルの例会

の設立はなかったはず。とくに無認可時代の「あかしあ」の運営委員には、旭川養護学校、東川養護学校、旭川盲学校、旭川ろう学校、鷹栖養護学校、と市内近郊各校から教員が揃って参加していたため、まさに全障研が地域の障害児教育問題の集積点であったし、無認可共同作業所時代は、むしろ「あかしあ」の問題は全障研旭川サークルで悩みを出し合い、養護学校の教員たちにアドバイスいただくなど、「あかしあ」を拠点として障害者運動が動いていたのだ。

ただ、教員たちはその後、異動や退職などで次第に繋がりが薄くなり、ほとんど実質的な関わりをもつメンバーは少なくなってしまっている。それでも、全障研旭川サークルは、「あかしあ」の職員や利用者・家族を中心に今も地道に毎月の例会で学習活動を重ねているし、継続は力だと確信している。

しかし、全障研のような自主的研究サークルに関わる職員があまりに少ないことに危惧を覚えるのは否定できない。ここから始まるということ。いざというときに、こうした経験のない者はふんばりがきかないのではないかと心配するのである。

## 故人

手づくり工房あかしあの開設時から法人設立後のしばらくの間まで通所したトシユキさんは革細工を得意とした。飲酒が過ぎてアルコール依存症となり、肝硬変のため亡くなった彼だが、朗らかな性格で人なつこく、カラオケではいつも十八番の「王将」を歌った。彼は病院で息を引き取ったが、亡くなってそのまま火葬場に搬送され荼毘に付され、葬儀も行われることはなく、また身内の墓地に遺骨が納骨されずにこの世を去った。障害のある仲間の中には、彼のように最期まで、身内からさえ疎んじられる人は少なくない気がする。そのように、最期こそ淋しいものだったが、彼が「あかしあ」で仲間たちと働き過ごした日々は、人生最良のときであったはずだと思いたい。

脳性マヒのアイ子さんもトシユキさんと同じく、手づくり工房あかしあ開設時からの仲間だったが、法人設立直前に札幌の施設に入所せざるを得なくなり、数年後にようやく旭川に戻ってきたときには、すでに大病に冒され、無念にも息を引き取った。敬虔なカトリック信者だった。彼女が施設に入所するとき、「あかしあ」が運営するグループホームは1カ所もなかったが、2003年に道北圏内初の身体障害者福祉ホームとして「せるぷコーポあかしあ」が開設したとき、わたしたちは真っ先に彼女を札幌の施設から「連れ戻したい」と思い、彼女にせるぷコーポあかしあで体験宿泊をしてもらったことがある。しかし、そのとき障害の重度化が進行しつつあった彼女は、ホームでの生活より、施設での生活を選んだといういきさつがあった。

後藤さんは内部障害（糖尿病性腎不全）の患者で、手づくり工房あかしあに自家用車を運転して通所していたが、通所途中の車内で息を引き取った。38歳の若さだった。彼は元自衛隊員だったからこそ、平和をこよなく大切に考え、とりわけ憲法9条を守るべきとの強い持論があった。

初代利用者自治会長の市川さんは、元気舎《げんきや》を法人が運営する知的障害者通所授産施設の分場にした2000年に、利用者から職員になった人である。しかし、間もなく膠原病が悪化し、43歳でこの世を去った。

約10年間の精神科病院での入退院生活の後に「あかしあ」に通所することになった統合失調症の洋さんだが、ある日、作業所に来ないので職員がアパートを尋ねると、すでに彼の身体は布団の中で冷たくなっていた。心筋梗塞による急死だった。彼のアパートでのひとり暮らしは、とても支援を要するものだったが、わたしたちは彼からたくさんのことを学んだ。「病気が憎い」と悔しそうに涙を流す実直な彼の姿が今でも瞼《まぶた》に浮かんでくる。

筋ジストロフィー症の雄大さんと脳性マヒのめぐみさんは、できたばかりの頃の旭川養護学校高等部卒業生のひとりで、明るい性格がみんなからの人気を集めていたが、難病がふたりの若すぎる命を奪っていった。

脳性マヒの三枝さんは、車椅子のため若い頃から施設に入所したり、精神科病院に長期入院し、せるぷコーポあかしあが開設したときに、ようやく病院から解放され退院してきた人だった。ただ、そのときすでに歳は還暦を過ぎていた。それでも、消灯時間のない、自分だけで独占できるテレビを夜遅くまで見放題という、あたりまえだけれど、ようやく手に入れた自由な空間と生活を満喫していたが、彼もまた病に冒され、自由人生はあっけなく終えてしまった。

管財業を営む桑原さんは、中小企業家同友会の役員としてボランティアで手づくり工房あかしあの運営に携わっていたが、会社経営が不振となったため、廃業して間もなく、不慮の事故でこの世を去った。演劇好きでもある彼は、わらび座や現代座などの公演のたびに、実行委員会の事務局を手づくり工房あかしあに置き、できたばかりの名もない小さな障害者作業所と中小企業をはじめ多くの市民のみなさんとのつながりをひろげていただいた。企業としての社会貢献のあり方や、「仕事」を越えて人とつながる大切さを教えてもらった。

旭川養護学校の進路支援部を担当していた真木先生は、在校生の進路保障と「あかしあ」の施設づくりを先頭に立って牽引されていたが、志半ばで逝ってしまった。休日のたびに自宅のガレージでフリーマーケットを開き、デイセンターあかしあの建設費に充ててほしいと、障害児教育に生涯を捧げ、最期まで教え子たちの卒業後の進路を心から案じたその生き方に、学ばされることが実に多かった。

潤さんは旭川養護学校の高等部を卒業するまで通学の経験がない。ずっと訪問教育の対象とされた重度重複障害児だった。しかし、その潤さんも、送迎車に乗って、「あかしあ」に毎日通所している。母親の加代子さんは、息子の潤さんが、「せるぷコーポあかしあⅡ」に入居できる日を心待ちにしていたが、昨年の春に若くして急逝してしまった。

30年が経つと、逝った人たちのことも、こうしてこの機会に少しでも記しておかねばならないだろう。

「老障介護」が指摘されるこの時代に、障害のある仲間たちとその家族が、本当に安心して生き、人生の最期を迎えられるためには、40周年・50周年あるいはそれ以上の長いとりくみに向けた覚悟と決意だけでなく、そのための組織（人）づくりが求められるのである。

## ■社会福祉法人設立（1997）

社会福祉法人を設立することは、手づくり工房あかしあの開設以来の目標であった。資金づくりは、後援会員を中

歴代理事たち（右端が故・千葉文利前理事長）

心に幅広く市民から出資者を募り、一部は後援会が借入をした。また、資金づくりのためにコンサートやさまざまな物品販売活動にもとりくんだ。

法人設立は同時に施設建設が課題となるが、無認可共同作業所はすでに4カ所に増え（手づくり工房あかしあ、あかしあ第二作業所、第三作業所、元気舎）、障害のある仲間も50名を超えていた。障害の種別も、身体障害、知的障害、精神障害、難病と、実に多種多様であったから、当時の縦割りの法制度では、実態とのあいだの矛盾が大きく、結果的に身体障害者通所授産施設、知的障害者通所授産施設、精神障害者通所授産施設の三種合築施設という、北海道内ではもちろん前例はなく、全国でも同時開設は初というケースで1998年10月に開設の運びとなった。

しかし、ただ順調に施設建設までこぎつけたわけではない。

小泉内閣（当時）の行革による補助金削減で、施設整備費の補助が一時見送られたり、旭川市が社会福祉法人に対する助成条例に反し、精神障害者社会復帰施設（あかしあ労働福祉センター第三作業所）の建設に対する補助金を交付しないなど、考えられない事態に遭遇したのだ。わたしたちはもちろん、こうした理不尽な行財政運営に対しては、問題を社会化し世にひろげつつ、きっぱりと正面から運動を展開することで困難な状況を自ら打開して前進してきたのだ。どんな問題に直面しても、決してあきらめず、良識ある市民や政治勢力との結集さえあれば乗り越えられることを、わたしたちは法人設立のときに学んだのだ。

## ■あかしあ障害者総合相談支援センターの開設（2001）

法人設立後、養護学校卒業生の通所希望者が相次ぎ、ホッとする間もなく、希望者の受け入れに頭を悩ませねばならなかった。しかし、必死の努力で法人を設立し、初めての新しい施設ができたばかりで、認可施設を建設するために、すぐさま土地を買う自己資金などあろうはずもなく、結局は法人とは切り離して、あかしあ労働福祉センターの家族会が運営する無認可共同作業所を立ち上げ、職員を派遣するというかたちで、2001年4月より市内住吉町に物件を借り、地域共同作業所「まねきねこ」を開設した。また、同じ建物の2階には、同年10月より、法人の事業として精神障害者地域生活支援センター「地域生活支援センターあかしあ」を開設した。

あかしあ障害者総合相談支援センター

　支援センター開設までの経緯は、たくさんある。この住吉の事業所を立ち上げるために、物件は当初は法人役員が個人として銀行から借金をしたことや、法人の事業ではなく家族会運営とせねばならなかったこと、精神障害者地域生活支援センターとなる一年前は、北海道の精神障害者社会復帰地域支援システム推進事業としてあかしあ労働福祉センター第三作業所が委託を受けたことなど、行政との関係上のいきさつがいろいろあったのであるが、今となっては懐かしい。

その後、支援センターの建物は、ようやく2016年4月に法人が所有する物件となり、いよいよ法人の第三次計画に則り、改築の準備に着手をはじめたところである。

## ■GENKIYA（げんきや）の建設（2003）

養護学校卒業生の進路保障のために、東旭川にあった知的障害者通所授産施設分場の「元気舎《げんきや》」に続いて、東鷹栖にもうひとつの通所授産施設分場を作る計画にした。今度は身体障害者の通所授産施設分場だ。しかも、相互利用制度といって、知的障害者の利用も可能とする。ややこしい話なのだが、タテ割りの制度の矛盾がここにある。箱に人を合わせるのではなく、人に器を合わせるから、こうするしかないのである。

一方の東旭川の「元気舎」は身体障害者の利用も可能にした。ともに10名ずつで、定員の一割ずつ、つまり1名は他の障害があっても利用できるという制度を活用することにした。

「元気舎」と「GENKIYA」は、離れていても、同じ宅配弁当を事業とする作業所として一体的に運営することとなり、弁当の配達コースは石狩川を挟んで二分し、売上は道内でも上位に位置するほどに発展した。

しかし、2005年度から障害者自立支援法が施行され、分場の報酬単価ではとても運営できなくなり、「元気舎」は廃業し、「GENKIYA」に合併、2007年度より就労移行支援事業所として再出発することになった。

ただ、就労移行支援事業も利用期限が2年と決められていて、その間に就職できたのは一人だけで、その後、GENKIYAは2015年度より単独の就労継続支援B型事業に再移行した。

GENKIYA

## ■せるぷコーポあかしあの開設（2003）

当初の計画では、GENKIYAを中心に、身体障害、知的障害、精神障害の各グループホームを入居定員5名ずつ配置、すなわち15名の小規模生活施設として建設するつもりだった。GENKIY

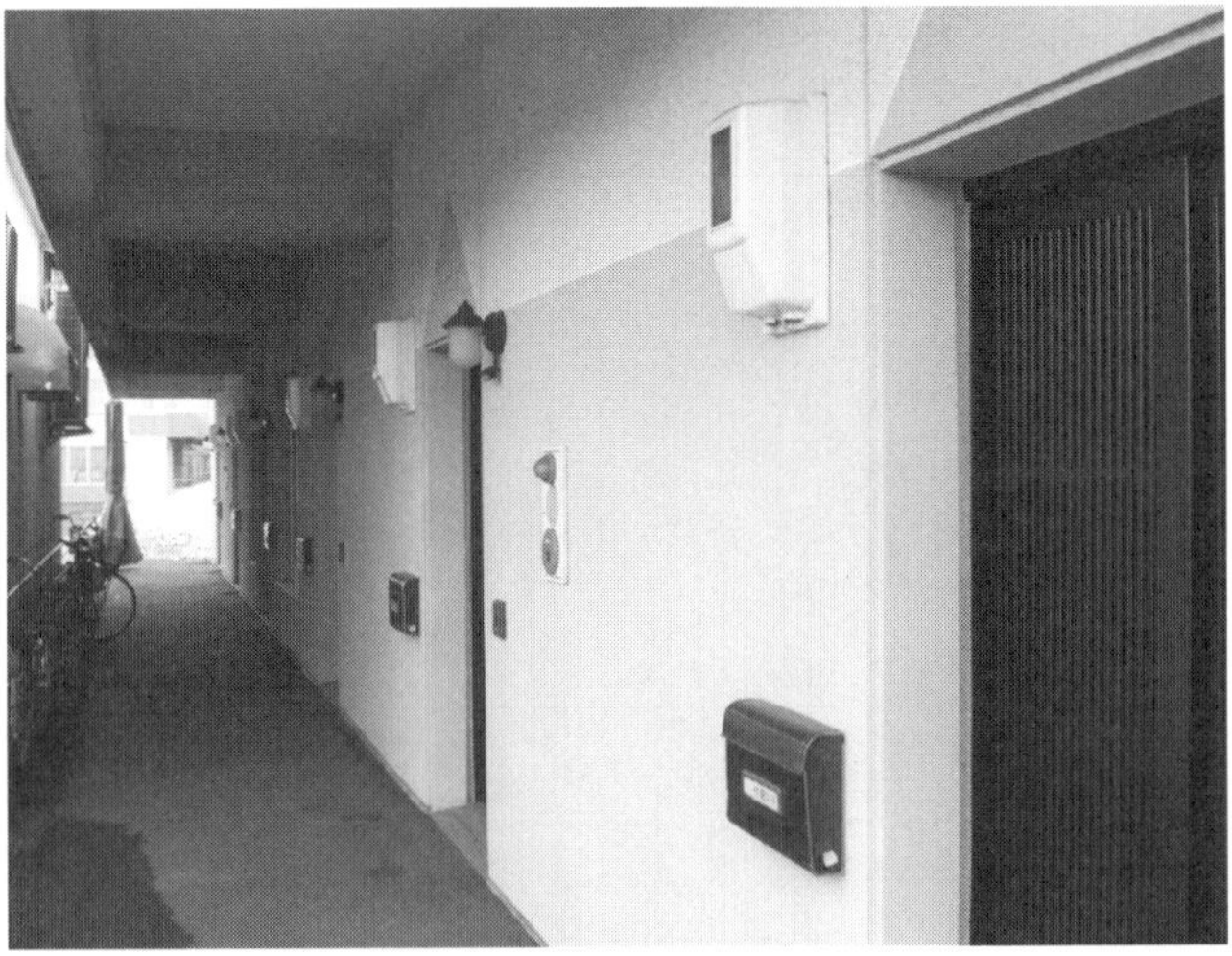

せるぷコーポあかしあ

Aを食堂部門としても活用するつもりだったのだ。しかし、民間助成団体からの助成がなかなか得られず、GENKIYAを身体障害者通所授産施設分場として国庫補助の交付を受けて施設整備する方針に切り替え、併せて身体障害者福祉ホームとして「せるぷコーポあかしあ」の建設も国庫補助の交付を受けることとした。

同時に、東鷹栖2線10号が市街化区域に編入され、建ぺい率や容積率から当初の15名の小規模生活施設の計画自体、この時点で断念せざるを得なくなった。

ただし、後述するが、後々に「せるぷコーポあかしあⅡ」が2017年に開設され、ショートスティを合わせて13名の生活施設がここに実現できたので、当初の計画はむしろ意外にもゆたかに実りつつあるのかもしれない。

## ■デイセンターあかしあの建設（2005）

「どんなに障害が重くても希望者を受け入れる」という理念を実践すると、あたりまえのように、医療的ケアの必要な養護学校卒業生が通所授産施設にも通うようになった。行政からは何も援助がないなかで、看護師を非常勤（パート）で配置してきたが、それでは限界が来ることは明らかだった。しかし、それは全国的に共通の課題であった。

そんな折、きょうされんの国会請願署名が国会で採択されるなど、運動の成果が実り、１９９７年度から制度化されたのが身体障害者療護施設通所型という制度で、この制度を活用して２００５年４月に開設したのが「デイセンターあかしあ」だ。

しかし、この施設にしても、計画からとんとん拍子で開設にこぎつけたわけではない。

旭川養護学校の進路支援担当の先生たちは、とても必死になって資金づくりに奔走してくれた。真木先生（故人）は、個人的にフリーマーケットをやって資金をコツコツと貯めてくれたし、利用者家族会の秋場さんや木村さんは、親の立場で旭川市議会での参考人や陳情の代表として発言をしてくれた。にもかかわらず、旭川市は当初、入所施設の建て替えに対する補助を優先し、それに対してさえ国の補助を得られなかったという失態を露呈した。その結果、デイセンターの建

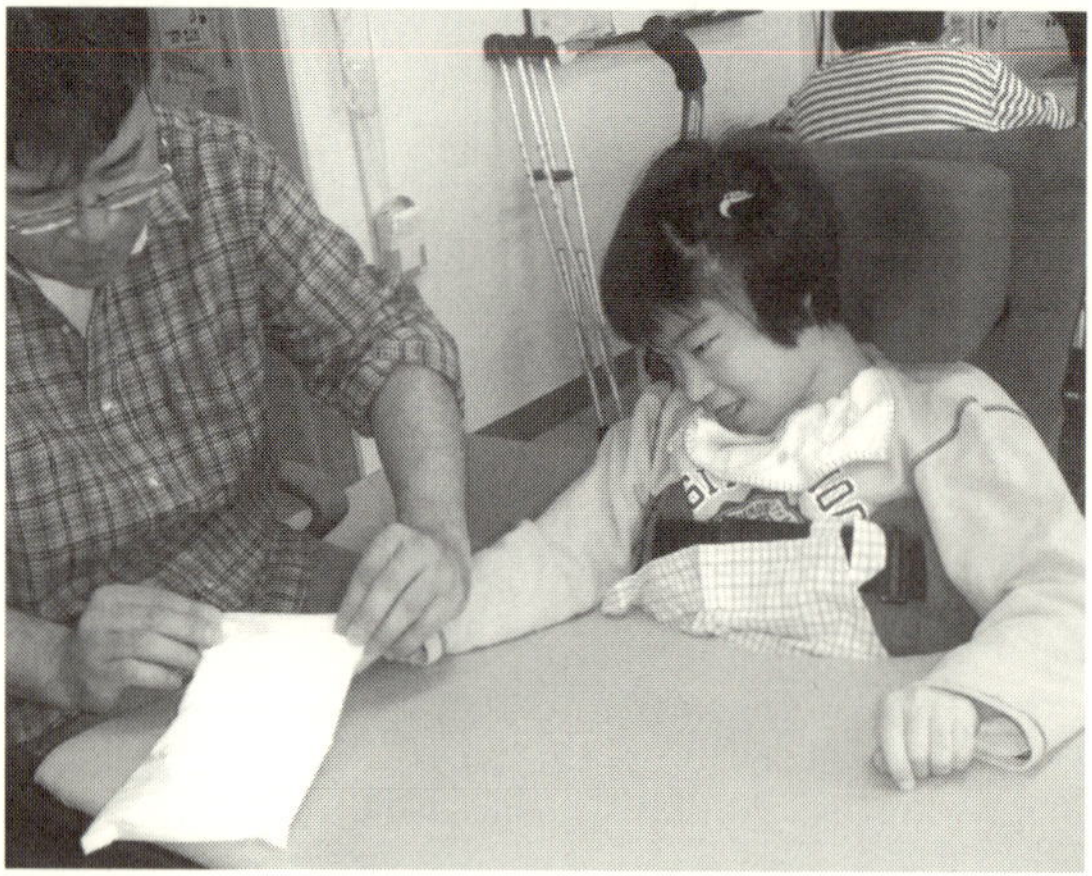

デイセンターあかしあにて

設は一年先延ばしになったのだ。

デイセンターは元々、第一作業所に併設というかたちで、限られた狭い土地のため、8名定員の小さな施設として開設したが、間もなく16名と利用者は倍となり、次々と卒業してくる在校生の受け皿が課題となってきていた。それが、やがて「デイアクティビティセンターあかしあ」建設へとつながっていく。

## ■障害者自立支援法訴訟

2005年3月31日、5人の仲間が「あかしあ」を去った。いずれも手づくり工房あかしあを開設した当時からの仲間たちだ。

理由はただひとつ、「障害者自立支援法」である。

工賃よりも高い利用料を徴収される仕組み＝応益負担がこの年の4月から実施されるためだ。

全国各地で自殺や心中、餓死など不幸な事件が起きた。札幌では区役所で精神障害者が首吊り自殺。釧路では高齢の父親が知的障害の息子を殺害するという痛ましい事件が起きた。先述の5名のように、施設を辞めたり、ホームヘルパーなどの利用を減らした利用者は全国で5400人にも上った。

事業所運営も立ち行かなくなり、十勝では報酬不正請求事件に端を発したNPO法人の理事長が身内を殺害し自ら命を絶った。彼はまだ40代で、我々もよく知る、元々は熱心な養護学校の教員であった。

全国では「黙っていられない」と、71名の当事者が原告となって国を相手に提訴し、旭川地裁では、川村俊介さん（あかしあ労働福祉センター第一作業所）が母親の川村和恵さん（法人理事）とともに2009年4月、旭川地裁で裁判に立ち上がった。

こうした運動の高まりに押されて、ついに政府は我々訴訟団と基本合意を締結し和解。2010年4月には旭川地裁での裁判も提訴からちょうど一年で、国が障害者自立支援法の廃止と新法を制定することを約束し、正式に和解が成立した。まさに勝利的和解である。

ところが、国は2013年に施行した障害者総合支援法では、和解の条件として約束したはずの「応益負担」の廃止は反故にしたまま、さらにその3年後の見直しに当たっても、「介護保険との統合を前提としない」と基本合意で約束したにもかかわらず、まさに介護保険との実質的な統合に向けて地ならしを強引にすすめようとしている。

障害者自立支援法違憲訴訟の支援者の集会

## ■デイアクティビティセンターあかしあの建設（2013）

障害者自立支援法の施行と同時にデイセンターあかしあが開設したが、本格的に常勤の看護師と理学療法士を配置したことにより、実践の発展はめざましいものがあった。とくに重度の障害のある仲間たちの発達的変化は、なにより「あかしあ」らしく専門性を発揮していると自負している。当然ながら、旭川養護学校を中心に、重度重複障害のある在校生の進路先としての希望はますます高まり、次の施設建設は必至の課題となった。

デイアクティビティセンターあかしあの仲間たち

用地選定にあたり、幸いにも市街化区域編入後にＧＥＮＫＩＹＡと法人本部施設とのあいだの土地の売買に苦慮されていた地主さんより、今回も安価で分けてもらうことができ、これで一帯を法人所有地とすることができた。

２０１３年度施設整備にあたっては、定員20名の予定施設として当初は計画していたが、旭川養護学校の在校生の動向等から、30名定員にすることや、当初は鉄筋コンクリート造だったにもかかわらず、施工段階で政権が代わったことで木造となり、整備面積や設備も縮小せざるをえなくなった。今回もまた、政治に翻弄されたことになる。とにもかくにも、2020年度までは在校生の受け皿はできたことにはなるのだが。

## ■せるぷコーポあかしあⅡの建設（2016）

法人が運営するグループホームが4カ所となり、デイアクティビティセンターあかしあが開設して養護学校卒業後の進路問題に当面の見通しが出てきた頃、利用者の親が相次いで亡くなる事態が起きた。しかし、医療的ケアのために看護師が常駐できるようなホームの単独運営は、現行の制度ではとても無理なのだ。

2014年に旭川で開催されたきょうされん北海道支部の全道大会では、公開シンポジウムでこの問題を議論し、旭川市長選挙の争点としてクローズアップさせるとともに、旭川市の「第4期障害福祉計画」でも、市の重点施策として、重度障害者のグループホームの整備を優先課題に挙げさせることができた。

こうした経過を踏まえ、法人内他施設やせるぷコーポあかしあと隣接し、①ホーム全体で一体的に運営すること、②介護浴室など新たに重度障害者用の設備を整備すること、という条件であれば、なんとか重度障害者用のグループホームができるのではないか、と考え、ショートステイ（2名）機能付きグループホーム（6名）を２０１６年10月より、国の補助金の交付と福祉医療機構からの貸付を受けて建設。２０１７年4月に開設した。

せるぷコーポあかしあとせるぷコーポあかしあⅡを合わせて、ショートステイ含め13名の小規模生活施設ができたことになる。

グループホームはこれで5カ所目となったが、しかし、まだまだ親の高齢化や親亡き後の本人たちの生活のことを考えると、もっとグループホームを整備しなければならないと思う。計画では、さらにせるぷコーポあかしあⅢを隣接して整備する予定であるから、それぞれのホームでの生活支援のとりくみを充実させながら、次のステップへと進んでいかねばならないと思う。

せるぷコーポあかしあⅡ

# Ⅱ　みんな仲間

## ■働くなかでたくましく

この30年、どんな障害があっても、また、どんなに障害が重くても、希望する障害のある人を受け入れてきた。

そして、どんなに障害が重くても、「しごと」と「なかま」が保障されることでこそ、人間としての変化・発達が実現できることを明らかにしてきた。「あかしあ」の実践は、つまり、労働と集団こそが、人間発達にとって不可欠な条件であることを実践的に明らかにしてきた歴史でもあったと言える。

たとえば、あかしあ労働福祉センター第1作業所（生活介護事業所）介護部門（通称「介護課」）に通所する仲間たち。この部門は、以前は身体障害者療護施設通所型（A型）「デイセンターあかしあ」（定員8名）であるが、ここに通所する仲間は、重度の肢体障害と知的障害を併せ持つ、いわゆる重度重複障害のある仲間たちで、発達段階では総

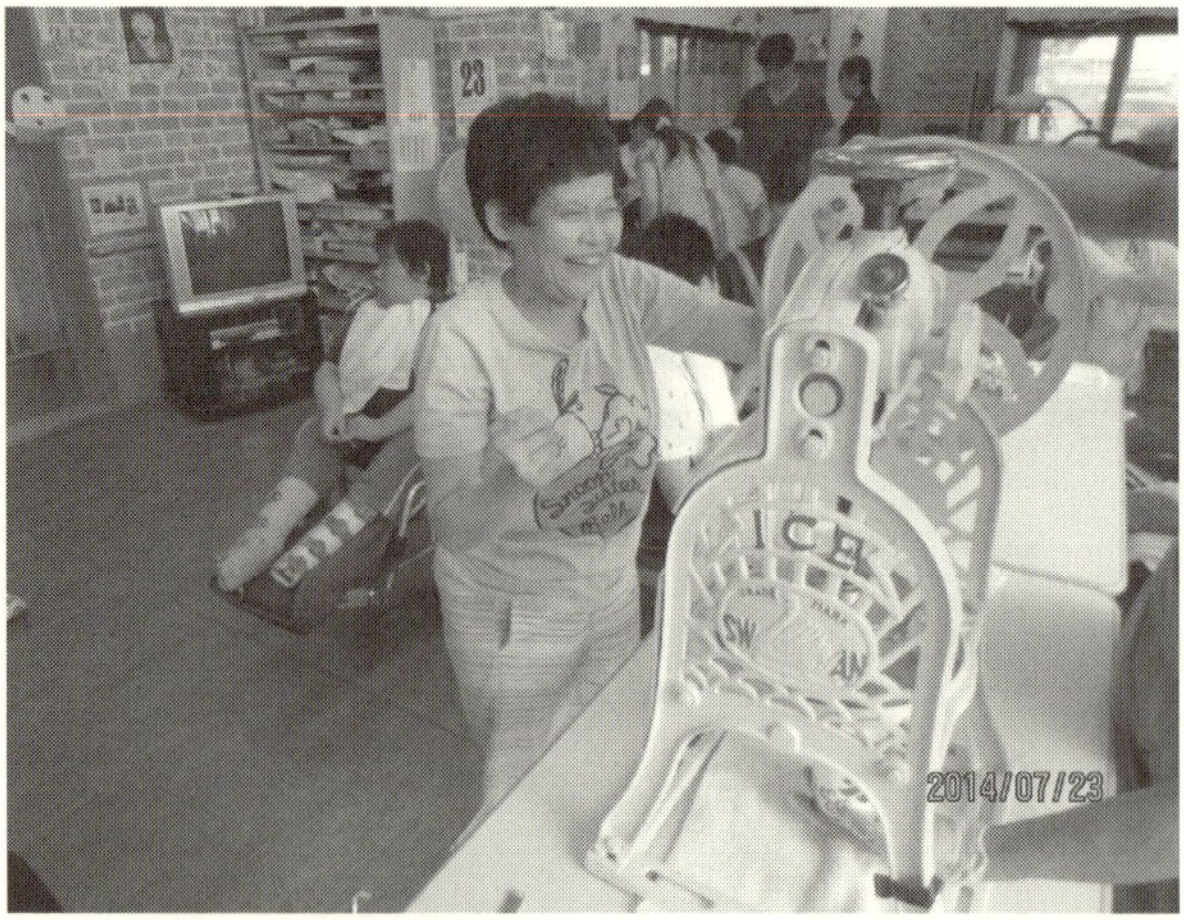


あかしあ労働福祉センター第１作業所にて

体として1歳半の大きな節目の前後が課題となるケースがほとんどである。

大切なことはその中身で、介護課の仲間たちは、1日の日課を通して、パンや木工、縫製など、さまざまな質の集団にも属し、言語によるコミュニケーションの渦《うず》に囲まれ、毎月20日の給料日には買物活動と称して外出するほか、夏場のプール活動をはじめ、季節の行事もふんだんに取り入れることにより、さまざまな「小社会」での経験を積み重ねてきている。

また、機能訓練や発達課題に合わせた作業以外の活動にもとりくみ、そうした、きめの細かい日課と実践を通して、個人としての全面的な発達が実現し、発達検査では2～3歳レベルという、比較的高次の作業認知能力や集団性の向上がみられ、身辺自立、移動能力、言語など、障害による身体機能面からどうしても克服し難い発達レベル1歳以下の「弱さ」をカバーし、平均して1歳半レベルの、全体として「大人らしさ」を醸し出すというゆたかでたくましい人格像を描き出しているのである。

また、GENKIYA（就労継続支援B型事業所）では3～4歳の発達の節目と6～7歳の節目を課題とする発達レベルの仲間たちが多いが、ここでの実践は「～しながら～する」「～けれども～する」という作業課題や、「だんだん～ながら」「すこしずつ～する」といった、抽象的概念の獲得を課題とする作業の設定など、個別の利用者の発達課題に応じた素材を準備するのである。具体的には、「炒め物をしながら、焼き物が焦げつかないように注意する」「○○さんとケンカをしてしまったけれど、仕事だから気持ちを切り替えて作業に集中する」ことができるように、宅配弁当の調理という作業のなかで援助するのであるが、その支援は個別具体的である。
これがわたしたちの実践であり、専門職たる職員集団の力量が最も問われるところである。

## ■焼きたてパン

パンは約60種類。ベーカリーショップでの店頭販売だけでなく、契約受注の取引は、市内及び近郊の保育園などのほか、パンの販売を担当しているあかしあ障害者総合相談支援センター（就労継続支援B型）の販売先も含め、レストランなど市内随所にひろがってきている。

新作パンも続々と登場し、ココア生地を練り込んだパン生地にソフトクリームを乗せた「しっぽのソフト」は、レッサーパンダをイメージした旭山動物園のオリジナルスイーツとして観光客に人気を集めている。

旭山動物園の「しっぽのソフト」

統合失調症のミクコさん（32）は16歳で発病し、精神科病院で3回の入院を経て、地域生活支援のため、あかしあ障害者総合相談支援センターに紹介されたときは、ゴミが散乱したアパートの部屋で外出などもほとんどせず、ただじっとひとり暮らしをしていた。

支援センターでの支援を経て、27歳のときにグループホームあかしあに入居。同時にあかしあ労働福祉センター第3作業所に通所を始めた彼女は、今では徒歩や自転車で自力通所し、他の利用者よりも早い8時半からの早出を買って出て、ミキシングや成形の作業を担当している。また、自治会役員なども担い、表情も明るく、冗談とギャグはいつも冴えている。部屋でゴミに埋もれていた当時を知る関係者は、彼女の生活と人格の変化に、ただ驚きを隠せない。

「あかしあ」と出会い、労働保障（パン）と生活支援（相談支援、地域活動支援センター、グループホーム）の相互連携によって、複雑な環境に生まれ育ち発病した彼女の人生は、ようやくここに、人としての輝きを得たと言えるのかもしれない。

## ■人気の旭山動物園グッズ

木工クラフトは、旭山動物園グッズコンテストで過去2度にわたりグランプリを受賞した（2005年と2008年）。旭山動物園の関連グッズはその後、動物園だけでなく、JR旭川駅や道の駅旭川などのコーナーにも置かれ、人気商品として定着し、仲間たちにとっては、まさに働きがいや誇りとなっている。

木工製品は、他に干支の置物などさまざまな製品を世に送り出し、市民の手に届いている。

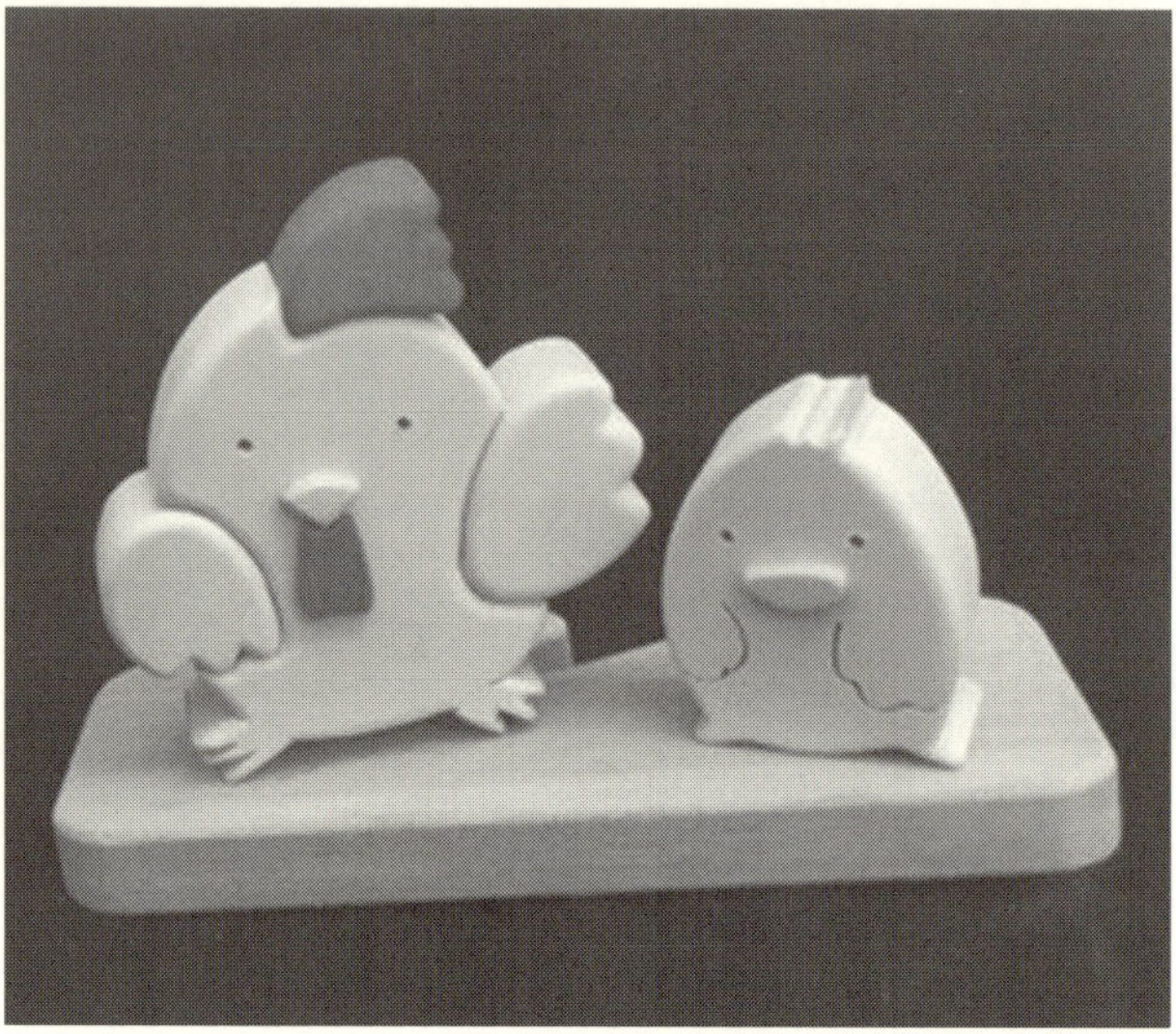

木工クラフト製品

どの部門もそうなのだが、木工部門でもさまざまな障害のある仲間が働いている。

現在、糸鋸作業は自閉症と知的障害のあるふたりの利用者が主力となっている。

ひとりは俊介さん（37）。21年前に旭川ろう学校を15歳で卒業以来、ずっと「あかしあ」に通ってきている彼は、障害者自立支援法違憲訴訟の原告のひとりでもある。

糸鋸を担当するもうひとりの健さん（32）は、空知管内の養護学校を卒業後、滝川と稚内の作業所で10年間、木工作業に携わり、家族とともに２０１４年に旭川に転居してきた仲間。俊介さんも健さんも、糸鋸での正確な作業は、障害などまったく感じさせない。

## ■宅配弁当・GENKIYAで働く仲間たち

ツトムさん（40）が高等養護学校を不合格になり、15歳で作業所に通い始めて25年になる。もう立派な中年で、人生の半分以上を「あかしあ」で過ごしたことになる。

ツトムさんが3年連続で高等養護学校を不合格になった当時は、「面接でじっと座って居られるか」「自分の名前が言えるか」などが高等部合格の基準だった。その頃、北海道における養護学校高等部の進学率は約3割程度で、全国ワースト一位という状況にあった。知的障害の重い生徒にとって、高等部は実に狭き門だったのだ。

そして、学校だけでなく他の福祉施設さえもが、「自力で通えない」「こだわりの強い自閉症は無理」「重複障害は受け入れられない」と、障害の重い仲間たちが門前払いされ、そうした人たちをわたしたちが次々と作業所に受け入れてきた。

テルマサさん（33）との出会いは、彼が旭川ろう学校の小学部3年生のときに手づくり工房あかしあで開催した「夏休み作業教室」だった。卒業後の進路について、わが子が小学生のときから将来を案じた親たちの願いから作業教室を実施していた。聴覚障害と自閉症をあわせもつ彼はいま、切りものでは、実に手際の良い包丁さばきで、次々と野菜を切り分けて、見事な料理人ぶりを発揮している。

「あかしあ」には、テルマサさんのように、ろう学校を卒業した聴覚障害のある仲間たちも複数おり、いずれも知的障害など他の障害を重複している。

高次脳機能障害、ダウン症、統合失調症、視覚障害、てんかんなど、他にもさまざまな障害をもつ仲間たちが働くGENKIYAでは、ひとり月額約2万2千円を平均工賃として支給しているが、少額とはいえ、北海道における就労継続支援事業（B型）の中では、これでも約700カ所中200位以内、つまり上位の3割以内に入る実績である。

## ■クリスマスケーキとソフトボール大会で変わるトモミさん

トモミさん（38）が「あかしあ障害者総合相談支援センター」の就労継続支援事業B型（通称「まねきねこ」）に通所し始めてから8年になる。

彼女は普通高校を卒業し、一時は他の障害者福祉事業所に通ったものの長くは続かず、その後はほとんど家族以外との関わりはなく、どこにも行かずに10年間ずっと在宅生活を過ごしてきた。

しかし、相談支援事業を介して「あかしあ」に通うこととなり、当初は半日・週3日だけの作業から始めることにした。

GENKIYAの弁当づくり

クリスマス・サンタとトナカイ

そんな彼女も、クリスマスケーキづくりとソフトボール大会に参加するなかで変わってきた仲間のひとりだ。

年末のクリスマスシーズンは、シフォンケーキとガトーショコラが稼ぎ時となる。そして、ケーキはみんなの年末ボーナスになるので、休日出勤や残業もいとわず、仲間たちはがんばるのだ。なぜなら、その先に待っているのは、楽しい旅行だから。

でも、初体験のトモミさんにとっては、いつもとは違う忙しさに「もう家に帰れません！」とイライラを隠せず声を荒げて怒るのだ。理由は明確で、いつになったら仕事が終わるのか、彼女自身が見通しが持てないからなのであり、無理もない。

それでも、仲間たちがサンタクロースとトナカイに扮して配達に回り、ようやくひと段落。彼女も自分の力でお金を稼ぐことのたいへんさが、おぼろげに実感できた一年目のクリスマスだった。

また、「まねきねこ」では、ソフトボール大会は全員参加としている。むろん選手としてである。

でも、一年目はとにかく選手としての参加を拒否したトモミさん。何とか説得して事前の練習と大会当日に会場に行くことだけはみんなと同じ空間を共有することができたが、そこで楽しそうにプレーする仲間たちの姿に刺激され、2年目からはグローブとバットを手にする姿がそこにはあったのだ。

ソフトボール大会は、とにかく選手として参加するだけで、みんながあてにされる主人公の存在なのである。あてにされる以上、期待に応えようとするトモミさんは、いつも練習会場で素振りをしたり、自宅では熱心にテレビで野球観戦をしては作業所でナイターやメジャーリーグの結果を話題にするようになり、そんな地道な努力が仲間たちの評価を得るようになってきた。

そしてついに、最近の彼女はといえば、大会ではピッチャーとしてマウンドに立つ日も到来し、「試合に出ることができた」「みんなの役に立つことができた」ことが彼女にとって大きな自信となり、署名推進委員など、仲間のなかで他の役割も積極的に担うようになってきている。

## ■全盲の仲間を受け入れて変わった第2作業所の利用者たち

2016年度から、「あかしあ」として初めて全盲の利用者を受け入れた。ユウダイさん(19)である。彼は未熟児網膜症による視力障害で、旭川盲学校から札幌視覚支援学校(旧北海道高等盲学校)を卒業して「あかしあ」の仲間となった。「あかしあ」には、盲学校の卒業生は他にも数名おり、ユウダイさんと同様にいずれも知的障害を重複しているが、全盲の仲間は彼が初めてとなった。

受け入れにあたっては、数日間の実習期間でしか彼の様子を知ることができなかったので、移動や食事、トイレの際の介助はどうするのか、緊急時の対応や、もしも事故が起きたときや彼が怪我をしたときの責任はどうするのかなど、さまざまな不安と憶測があちこちから出された。「どんな障害があっても、そしてどんなに障害が重くても決して受け入れを拒んではならない」という理念と現実の対応との狭間で、どうジレンマを乗り越えるのか、今回も試練の議論が交わされた。

しかし、実際に受け入れてみると、手先が器用な彼は集中して作業にとりくみ、環境にも慣れてくると、想像していたほどの介助は必要なく、当初の不安はすぐに解消されていった。全盲の彼がいきなりみんなの前で奏でたピアノ伴奏も、周りとの垣根を取り払うには十分なセレナーデとなった。

何よりも、ユウダイさんを仲間として受け入れたことで、他の利用者たちが変わってきた。つまり、全盲の彼を受け入れたことで、介助や見守りを要する仲間を思いやり、大切にすることを通して、他者理解が仲間たちの内面で進み、それは言い換えるなら、自らを律し自己客観視する力としてみんなの中に育ってきたと言えるのだ。しかも、それが毎日の作業を中心とした生活のなかで集団的な質の

あかしあ労働福祉センター第２作業所

変化として表れてきているのが特徴と言える。全盲のユウダイさんが、仲間集団の質の変化をもたらした２０１６年であった。

## ■ソフトボール大会のこと

知的障がい福祉協会のソフトボール大会に毎年参加している。ただ、主催が知的障害者の団体なので、知的障害のある仲間しか選手としては参加させてもらえない。

ところで、この大会では一度も勝った試しがない。ひょっとしたら、仲間たちの中で、本気で「勝つつもり」で参加している者は、ほんのわずかかもしれない。それなのに、大会となるとみんなで応援にかけつけ、退職した職員までもが、まるで退職者ＯＢ会のように集まって仲間たちの姿に感動する。

最初は、単なるレクリエーションの一環だったと思う。そして、応援も、ただの「お祭り騒ぎ」だっ

ソフトボール大会

たような気がする。

それが、今では大切な緊張感のあるセレモニーと化してしまったのには、それなりのワケがあるため、ここで少し紹介したいと思う。

何よりも、ソフトボールの大会はトーナメント方式のゲームであるから、点数で勝敗を決することになる。その点差が、数年前には数十対ゼロと圧倒的大差だったのが、ここ数年は十数対0、そして最近では、なんと得点もするようになり、周囲を驚かせているのだ。

カラクリを話せば、他の施設は、知的障害の軽い利用者が中心で、「あかしあ」は、車椅子の重複障害のある利用者も職員の介助付きで参加しており、対戦相手の了解も頂いて職員が開発したマシーンで打たせてもらう、つまり最初から三振せずに済むというハンディなども暗黙でもらっているから、大会規則やルールに関係なく、「配慮といえば配慮、八百長と言えば八百長」をやっているので、勝ってしまったら、それこそ「チョンボ」なのだ。

それでも、そんな細かいルールなど存ぜぬギャラリーは、得点するとそれはもう大騒ぎ。「もしかしたら…」といったありえない期待が、みんなの脳裏を一瞬だけよぎってしまうのかもしれない。

それに、大会だからこそ、いつもとは違う球場で、自身が持っている最大の力を発揮することができたり、できなかったり、いつもどおりの力で終わったり、それぞれの仲間たちの発達の力を確認できるのも、ソフトボール大会の魅力。

例えば、内野フライひとつとっても、打球が放物線を描いて落下する地点を予想し、捕球するためにからだを移動させることができる能力は、少なくとも発達段階で言えば6～7歳を越えなければできないわけで、これができる知的障害の仲間は「あかしあ」チームにはほとんどいないのが現状。それが、数年かけた練習を通して少しずつできるようになり、大会のゲーム中にその力を発見することができたとき、勝敗などまったく関係なく、ただ仲間たちの姿に感動するのである。

実は、そうした仲間たちの変化は、ソフトボールの練習の積み重ねではなく、日々の労働と集団を軸とした実践のなかでこそ培われたものであり、その力がソフトボールをはじめ、生活のさまざまな場面で発揮できたとき、わたしたちは最もこの仕事に働きがいを感じるのかもしれない。

そんな仲間たちの内面は、毎年とりくんでいるきょうされんのグッズコンクールでの絵画活動や陶芸活動などでも表現されるので、日々の実践の成果を確認し、仲間たちとの発達的共感を楽しむとても大切なひとときが、文化・スポーツ・レクリエーション活動なのである。

## ■楽しい旅行

仲間たちは旅行が大好きだ。

法人内のいくつかの作業所では、毎月の工賃を積み立てて、毎年のように、あるいは2～3年に一度の割合で、みんなで一泊旅行に出かけているところもある。

これまでに、いちばん遠くにでかけた旅行といえば、あかしあ障害者総合相談支援センター（就労継続支援B型）だ。２０１２年には東京に４泊５日、２０１６年１月にも同じく４泊５日で関西方面（大阪・京都）に旅行にでかけている。

旅行はもちろん、仲間たちにとって楽しい行事ではあるが、単にそれだけではない。今日から、明日、明後日といった、短期的な見通しではなく、もっとその先の何カ月も先の日程を目標に、工賃を積み立て、その目標に向かって自分自身を磨いていく過程をとても大切にしている。

旅行に行くということは、ある者は、「旅行に着ていく服を買うために頑張って仕事をする」という努力目標だったり、旅行に行くための積み立ての金銭管理が学習課題となって、「もっと賢い自分になりたい」という自己目標となるなど、さらに違った自分を見つけるもうひとつの旅なのだと、仲間たちの姿を見てつくづく思う。

まねきねこの関西旅行（2016年1月）

そもそも「給料が減ったら積み立てられなくなるし旅行に行けなくなる」という労働への意欲がいちばん駆り立てられる仲間もいるのだから、旅の魅力は実に奥深いものだと思わざるを得ない。

## ■職員研修のこと

とにかく職員研修は手を抜かずに、できる限り力を入れてきた。無認可時代から、職員会議の冒頭では必ず読みあわせに時間を割いてみんなで学習し、基礎的知識や福祉に関する情勢動向などについて共有するよう努力してきた。それは、法人を設立し3種合築の通所授産施設を開設した1998年度からしばらくのあいだは継続できた。

しかし、部署がいくつもに分化し、職員が総勢100名に達する現在、自ずからそうしたことは部署ごとのとりくみとして標準化しつつも、いわゆる温度差や到達点の差も否めない状況にあるといえる。

それでも、全法人職員を対象とした職員研修は年2回欠かさず実施してきているし、新任職員研修も対象は非常勤職員も含め年10回のカリキュラムを進めてきている。きょうされん主催をはじめとした外部研修にも積極的に参加してきている。

コツコツと積み重ねてきた研修の成果として、障害のある仲間に対する専門職としての職員の資質と能力は平均として確実に向上してきていることは間違いない。ここでいう資質や能力とは、資格などの規格化された「専門性」ではなく、法人としての歴史と理念を踏まえ、後述する職員綱領の立場を実践する職員の姿であるといえる。

## ■職員綱領

社会福祉施設の多くで、法人の倫理綱領や職員の業務指針なるものが作成されている。しかし、その多くが形骸化していたり、せっかくの名文も利用者や職員の実態が伴わなければ、なんの意味も成さない。あるいは、綱領を盾に、職員に対する偏向した信仰や思想教育などが一方的に行われるといった非民主的な福祉施設があったことも、全国的には過去の例として記憶している。

ならば、わたしたちはどうすべきか、こうした綱領的文書の作成についてはずっと慎重でいたのだ。しかし、25周年を迎える時点で、やはり原点を共有し職員としての指針をより明確にすべきとの結論に達し、1年間の議論を経て職員綱領を作成した。ただし、この綱領は、永久不滅のものではなく、30周年を迎える2018年までの「賞味期限」付きとした。なぜなら、この手の綱領は、上述のように文書（言葉や活字）だけが独り歩きしてしまわぬようにすることが大切だからである。

年2回開催している実践報告会議でのレポート発表

30周年を迎えたとき、あらためて今後の法人がめざすべき方向性や職員の目標を議論し、理念を再確認しながら、綱領など文章として明文化できるものを形とし、みんなで共有することができれば、組織としての発展が望めるのではないだろうか。

社会福祉法人あかしあ労働福祉センター

**職員綱領**（２０１４年12月６日決定）

**はじめに**

綱領とは、元々は政党などの組織が、その目的とそれに至る筋道を定めた文書を意味していました。今ではほぼ一般的に、組織の「拠って立つ理念」や目的などを表す文書として使用されています。また、社会福祉施設などにおいても「倫理綱領」などを定め、職員の業務指針や法人の理念・目標を綱領として文書化するようになってきました。

そこで、わたしたち社会福祉法人あかしあ労働福祉センターとしても、無認可共同作業所「手づくり工房あかしあ」の開設から25年＝四半世紀を迎えた今、法人の歴史や理念、そして事業目的を共有化し、さらに職員としての共通の目標を定めることにより、集団としての質をより向上させることが、かつてなく重要な時期を迎えたと言えます。

新任からベテランまで、職員が持つその経験と知識は、もちろん大きなギャップがあります。そのギャップを埋めるためのひとつのツールが、この職員綱領です。

もちろん、この綱領は万能でもなく、完全でもありません。そして綱領は、言い換えるなら山登りに例えると登頂ルートのことと言えます。

目標とその到達のためのプロセス、そして具体的な規範を示し、登頂するための指針として、すべての職員が自覚し、法人の「魂」を血肉として身に着けていただくために、ここに職員綱領を定めます。

## 1　法人の歴史

### (1)無認可共同作業所時代を法人の「原型」として

当法人は、１９８８年４月に障害のある当事者自身の手によって開設された無認可共同作業所「手づくり工房あかしあ」が出発点です。

「年金に工賃をプラスして安心できる生活がしたい」「在宅で閉じこもりの生活でなく社会に参加して自立したい」という障害のある仲間たちの切実な願いを実現するために、当事者たちの勇気ある決断と行動力で立ち上げられた、狭くて小さいけれど、仲間たちにとっては、とてもかけがえのない存在、それが「手づくり工房あかしあ」でした。

また、「手づくり工房あかしあ」の開設当初より、障害の種別や程度を越えて、「作業所で働きたい」という願いをもつ障害のある人々を仲間として受け入れてきました。

職員は１９９１年より配置され、あかしあ第2作業所（１９９４年）、あかしあ第3作業所（１９９５年）、そして道北高齢者・障害者協同組合として開設した「元気舎」（１９９６年）と、「手づくり工房あかしあ」開設から10年の間に、４カ所の無認可共同作業所に約50名の障害のある仲間と職員7名が在籍する事業体として発展してきました。

１９９６年６月には、きょうされんの第19回全国大会が旭川市で開催され、わたしたちはこの大会の成功のために尽力し、職員はその中心を担いました。

１９８０年代から90年代にかけて、当時は送迎を実施している作業所はごくわずかで、障害の種別を超えて障害のある人たちが通所できるところも他になく、また、障害の重い人や障害が重複している人は、他の施設や作業所から「門前払い」をされていた時代です。

しかし、わたしたちは実際にさまざまな障害の重い仲間たちの発達と権利保障の事実を創りだし、広範な市民に理解と共感の輪をひろげてきました。そうした運動のひろがりは、「手づくり工房あかしあ」開設時から発行している「あかしあ通信」の役割が大きく、のべ１０００人を超える後援会員に届けられ、職員を配置したときから今日まで、毎月欠かさず発行してきています。

わたしたちは、全障研（全国障害者問題研究会）で蓄積されてきた発達保障論に基づく実践に学び、障全協（障害者の生活と権利を守る全国連絡協議会）などの権利保障運動に連帯し、そして何よりもきょうされん（当時は旧称・共同作業所全国連絡会）に結集し、我流でなく羅針盤に導かれて歩んできたのです。

わたしたちは、すべて「無」から出発し、どんな障害があろうとも、そして、どんなに障害が重くても、障害のある仲間たちの発達と権利を保障し、人としての誇りをもって地域で生きることのできる社会づくりを一体的にめざし、当時は夢であった「法人化の実現」に確信をもって、まさに必死の努力が積み重ねられた10年でした。

こうした無認可共同作業所の実践と運営・運動こそが、つまり法人の「原型」なのです。

「昔のことは知らない」「今だけが大切」ではなく、歴史に学び歴史を創る立場こそが、職員として望まれる第１の資質なのです。

⑵法人設立から現在まで

わたしたちは、無認可共同作業所の実践・運営・運動を基礎として、１９９７年11月に社会福祉法人の設立認可を受け、全国初の身体障害・知的障害・精神障害合築による通所授産施設（あかしあ労働福祉センター第１・第２・第３作業所）を１９９８年10月に開設しました。

その後、

２０００年４月　知的障害者通所授産施設分場「元気舎」開設
２００１年４月　あかしあ労働福祉センター家族会として地域共同作業所「まねきねこ」開設
２００１年10月　精神障害者地域生活支援センター「地域生活支援センターあかしあ」開設
２００２年10月　「グループホームあかしあ」開設
２００３年４月　身体障害者通所授産施設分場「ＧＥＮＫＩＹＡ」開設
２００３年４月　身体障害者福祉ホーム「せるぷコーポあかしあ」開設
２００４年４月　「まねきねこ」が小規模通所授産施設として法人運営施設に移行
２００６年４月　身体障害者療護施設通所型（Ａ型）「デイセンターあかしあ」開設

と、次々と事業を拡大してきました。

その背景には、障害児学校卒業後の進路保障など、相次ぐ通所希望者のニーズや、地域での自立生活支援ニーズなどに対し、法人として応えるべき期待の高まりがあげられます。

しかし、２００５年10月に成立した障害者自立支援法により、障害のある仲間たちと施設運営は大きな混乱を余儀なくされました。

２００６年10月　「地域生活支援センターあかしあ」と「まねきねこ」が、「あかしあ障害者総合相談支援センター」（相談支援・地域活動支援センター・就労継続支援事業（Ｂ型））として再編。
２００６年10月　「グループホームあかしあ」をケアホーム（共同生活介護）に移行
２００６年10月　「せるぷコーポあかしあ」を身体障害者福祉ホームから障害者福祉ホームに移行。
２００７年４月　「元気舎」を事業廃止し、「ＧＥＮＫＩＹＡ」を多機能型障害福祉サービス事業所（就労移行事業・就労継続支援事業（Ｂ型））に移行。
２０１２年４月　「デイセンターあかしあ」を事業廃止しあかしあ労働福祉センター第１作業所に統合
２０１２年４月　「あかしあ労働福祉センター第１作業所」を生活介護事業所に移行

２０１２年４月　「あかしあ労働福祉センター第２作業所」を生活介護事業所に移行。
２０１２年４月　「あかしあ労働福祉センター第３作業所」を多機能型障害福祉サービス事業所（生活介護事業・就労継続支援事業（Ｂ型））に移行。

自立支援法の施行初年度となる２００６年度の当初予算では、職員の期末手当の算定が見込めず、大きな不安のなかで毎日を過ごしました。

こうしたなかで、障害者自立支援法違憲訴訟として、あかしあ労働福祉センター第１作業所の利用者・川村俊介さんが原告となり、母親の和恵さん（法人理事）が補佐人となって、２００９年４月に旭川地方裁判所に国及び市を被告として提訴、全国71人の原告のひとりとして訴訟運動に参加しました。わたしたちは、応益負担に反対する旭川連絡会の一員として全面的にこの訴訟を支援し、翌２０１０年の基本合意と和解合意を勝ち取ったのです。

わたしたちは、きょうされんをはじめ、全国の運動に連帯し、障害者自立支援法の廃止をめざした闘いに結集することで、完全ではないまでも、障害者自立支援法の改善を実現させてきたことに確信をもって良いのではないでしょうか。

また、こうしたなかでも、２００７年１月に「グループホームあかしあ旭町」を開設、２０１０年４月には「グループホームあかしあ末広」を開設し、２０１３年３月現在、通所利用者は１２０名、ホーム入居者は20名、相談支援登録者は１８０名となり、障害のある仲間たちを支援するための事業は着実に前進し、さらに２０１３年には生活介護事業所「デイアクティビティセンターあかしあ」の建設と２０１４年開設という段階を迎えるに至っています。職員としては、現在約70名の大きな集団となり、無認可時代の10倍もの規模となりました。

ここに至るまでには、さまざまな困難もありましたが、総じて、障害のある仲間たちを主人公とした発達と権利保障をめざす実践に、職員集団が結束してとりくんできた結果に他なりません。もちろん、まだまだ職員の専門性としては、経験による差もありますが、「ぶれない、媚びない、あきらめない」という、きょうされん運動の精神を血肉として努力を重ねた結果によるものなのです。これを職員として望まれる第2の資質としましょう。

## 2　法人の理念と事業の目的

法人の理念は、「手づくり工房あかしあ」の開設当初より、きょうされんに結集していたことから、一貫してきょうされんの理念である「わたしたちのめざすもの」を法人の理念としてきました。その「わたしたちのめざすもの」は次のとおりです。

### きょうされん　わたしたちのめざすもの

「きょうされん」は、その前身を共同作業所全国連絡会（略称・共作連）として1977年8月6日に結成されました。結成の目的は、国に対する全国規模での要求運動を展開していくことであり、各地の共同作業所づくり運動の経験を深め合うことにありました。無認可の共同作業所による連絡会組織としての出発でしたが、現在では働く場に加えて活動の場や生活の場、生活支援センターなど、成人期障害者の地域生活を支えていくための多様な社会資源による事業体組織として、また、運動体として新たな発展を遂げつつあります。

わたしたちの地域を舞台とした労働と生活の営みは成人期障害者の発達と健康の保障を現実のものとし、また絶え間ない要求運動は、関連する法制度の拡充においてもかけがえのない成果を築いてきました。しかし、一人ひとりが働くことの喜びと生活のゆたかさを真に実感し、ノーマライゼーション社会の実現という視点からするならば、わたしたちの実践とそれを支える条件はまだまだ不完全な状況にあります。

わたしたちは、あらゆる障害に対して、また障害の重い人びとを絶えず念頭におき、共作連結成時の志を礎として、次の諸点を不断にめざし実践、経営、運動を発展させていきます。

1. わたしたちは、障害のある人びとが労働を通じて社会に参加し、また、地域でのゆたかな暮らしを築く権利の保障をめざします。
2. わたしたちは、障害のある人びとと関係者一人ひとりが大切にされる事業体として民主的な経営をめざします。
3. わたしたちは、地域における共同の事業や運動をすすめ、障害のある人びとが生きがいと誇りをもてる社会をめざします。
4. わたしたちは、障害のある人びとの夢ある明日をめざし、科学と創造の視点を大切にしながら団結して前進します。

わたしたちの法人も、この「わたしたちのめざすもの」を目標として、その実現に向けて歩んでいくことが職員の絶対的使命と言えます。

そして、法人としての最大目的は、障害者とその家族が他の市民と対等に安心して暮らすことのできる地域を創造することであり、そのために、障害者・家族・関係者の具体的で切実な要求の実現をめざすことが法人としての組織的な役割となります。

さらに、事業の目的として具体的に示すならば、①施設（作業所やホーム等）利用者が就労をはじめ、日常生活を通して、市民として、よりたくましく地域生活が営めるように支援すること、②障害児学校卒業生の進路を現実的に保障すること、③精神障害者や重度重複障害者、在宅障害者の地域生活の支援、などがこれまでに確認されてきていることなのです。

## 3　職員の役割と使命

(1)「持ち場主義」に陥らぬように

作業所の職員は、ずっと以前から「なんでも屋」でなければならないと言われています。作業技術や営業能力、会計処理など少ない職員体制ですべてをやりくりしなければならないため、総合的な能力が求められてきます。もちろん、福祉援助職としての専門的な知識や援助技術は必須ですし、バザーやコンサート、映画上映会、機関紙の発行など、ありとあらゆる活動が必要ですから、取捨選択などしていられないのです。

しかし、組織が大きくなると、さまざまな課題が分担されるようになり、「みんなで力を合わせて」といった意識が次第に薄れ、ついには「知らぬふり」「見えぬふり」をするようになります。業務や課題が増えることで、それらを分担すること自体はやむを得ないことであり、望ましいことですが、わたしたちは「自分がやらなくても」「自分の担当ではないから」といった「持ち場主義」に陥らないように気をつけましょう。

自分の担当と集団としての課題は、どちらかを優先させるべきものではなく、質の異なった同等レベルの責任が職員一人ひとりにあるのです。

職員としての専門性は、資格や経験だけで計れるものではありません。また、目の前の利用者のことを考えることは大切なことですが、もっと困難を抱えている多くの障害のある人々に思いを馳せ、広い視野で障害者問題にとりくむ姿勢や、しいては自身の「生き方」が問われるのが障害者福祉なのです。

わたしたちは、「仕事」としての役割以上に、人間性や人生観、世界観などを磨く努力が求められるのです。

## （2）福祉労働者としての使命を自覚して

わたしたちは、福祉労働の目的を、現代資本主義の搾取により抑圧された労働者階級の解放のための福祉分野での闘争であると考えています。障害者問題に限定するなら、障害により差別された社会から、障害のある仲間たちを解放することがわたしたちの労働目的となります。

すなわち、「単なる職業」としての障害者福祉に従事しているのではなく、差別のない壮大な事業＝新たな国づくりの一環として、わたしたちは障害分野を担っているという自覚が求められているのです。まずは、このことを使命として自覚せずして、法人職員としての成長は期待できません。

日々の業務、あるいは年度ごとの事業計画とその推進は、こうした、大局的視点に立って進めるのです。そして、障害福祉分野だけでなく、さまざまな分野の人々と手をつなぎ、この国の、そして地域の未来を創ることが職員としての立場なのです。

そのうえで、具体的には別途に規定する行動規範（行動綱領）を指標として、わたしたち職員は相互に励まし合い、相互批判をも厭《いと》わずに集団として成長し前進していこうではありませんか。

## （3）幹部の育成

なお、幹部の育成は、当面の課題としてとくに重視していきます。なぜなら、法人の第3次計画（〜2018）でも、この期間に新たに施設を増設するということは、必然的に管理者を中心とする組織の運営幹部の重層化を図る必要があるからなのです。

とくにこれからの長期計画の実現を担える幹部を育成することが課題となりますが、それは同時に、法人の将来を託せる人材でなければならず、つまるところ、障害者問題の解決に向けた「生き方」としての姿勢が幹部に問われてくることを心から深く理解すべきです。

だとするならば、施設長や主任には、以下の2点が資質として問われてくるのではないでしょうか。この指標に照らせば、施設長や理事は、すでにこの資質を備えていなければならず、主任はこの資質を備える努力をしていなければならないことになります。

①きょうされん運動の使命を深く理解し、ソーシャルワーカーとして、率先して障害者の人権を保障する立場で実践・運営・運動を推進できる幅広い専門性を身につけているか。

②わが国の社会保障制度が、現代資本主義の構造的矛盾により形成・発展してきた歴史的事実を正確に理解し、その矛盾を解決するための確固たる政治的展望を持っているか。

## 4　行動規範（行動綱領）

行動規範（行動綱領）は、わたしたちが法人職員として、その使命を自覚し、日々の業務を推進するための職業生活上の目標であり、同時にそれを実践・実行するための指針です。

よくありがちな、ただの「お題目」や「絵に描いた餅」にしないためにも、この行動綱領を毎年度に自己評価と第3者評価を実施して、各自の自己課題を指標化・客観視できるようにします。

社会福祉法人あかしあ労働福祉センター

○職員行動規範（行動綱領）

1　わたしたちは、障害のある仲間たちが差別と抑圧から解放され、真に生きがいと誇りのもてる人生が送れる社会をめざし行動します。

2　わたしたちは、常に無認可共同作業所「手づくり工房あかしあ」開設の原点を想起し、歴史を受け継ぎ歴史を創る立場で考え行動します。

3　わたしたちは、障害のある仲間たちと家族、そして地域からの信頼を得られるよう、自らの人格発達に向けて努力します。

4　わたしたちは、法人の運動と事業を市民に広げるために、後援会員の拡大や物品販売、イベントの普及、募金活動などに積極的に行動します。
5　わたしたちは、同じ志をもつ全国の関係者と連帯し、きょうされんの賛助会員拡大や署名運動の推進に努めます。
6　わたしたちは、政治・経済の動向に常に関心を寄せるとともに、平和や人権問題など、障害者問題に関連する社会的諸活動にも積極的に参加します。
7　わたしたちは福祉専門職としての自らの専門性を向上させるために、日々学習や研修に勤しみます。
8　わたしたちは、職場の団結を尊重し、規律ある職業生活の確立に努めるとともに、疑問や不満は組織的に解決するよう努力します。
9　わたしたちは、経験や感性だけにとらわれず、科学的なものの見方と考え方を基本として集団討議し行動します。
10　わたしたちは、意見の対立や決断に迷ったときは、常に障害のある仲間たちの立場と原点に立って考え行動します。
11　わたしたちは、福祉労働者の権利向上に向けて、職員労働組合の活動を尊重し、その発展に努めます。
12　わたしたちは、自らの体力の保持と健康の増進に努めるとともに、健康的な環境づくりに向けて相互に啓発し、職場でのマナーやルールを守ります。
13　わたしたちは、あらゆるハラスメント行為に対する不断の注意を喚起し、相互批判をも通して、職場に規律と真の団結が創り出せるよう努力します。

# Ⅲ 全国の仲間とともに

■きょうされんとともに

手づくり工房あかしあの開設準備からきょうされん（旧称・共同作業所全国連絡会＝略称・共作連）とは必然的に関わってきた。

手づくり工房あかしあが開設した当時、東京にある共作連の全国事務局員として勤務していた北村は日本福祉大学在学中から故郷・北海道で共同作業所に勤める覚悟でいたが、肝心の勤め先が道内にはなかった。そこで、きょうされん顧問の秦　安雄先生（２０１６年４月死去）のゼミに所属していた北村は、「どうせこの先、ずっと共同作業所に関わるのなら、東京の本部で修行を積んでから北海道に帰っても遅くはない」と決断し、１９８６年から5年間、事務局で勤務した。その後、手づくり工房あかしあを開設した青木らは、１９８８年7月31日に江別市で開催されたきょうされん北海道支部の結成総会

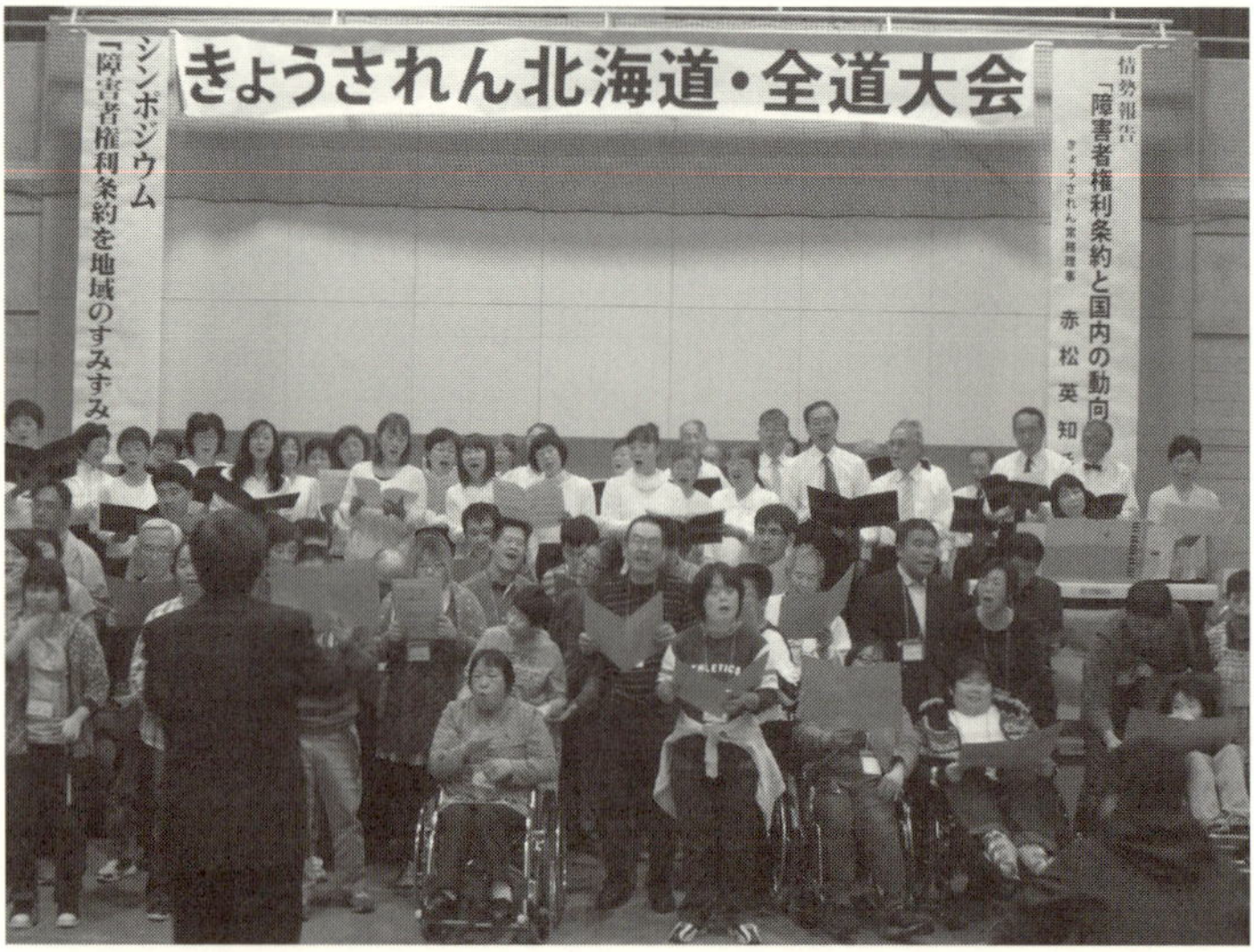

毎年開かれているきょうされん北海道支部の全道大会

に参加、藤井事務局長（現専務理事）と同行参加していた北村と出会うこととなる。

その3年後の1991年7月に手づくり工房あかしあの第1号職員として赴任した北村は、翌1992年にはきょうされん北海道支部の事務局長となり、支部の事務局を手づくり工房あかしあに置く。

あれから25年が経過したが、きょうされん北海道支部は、事務局を札幌に移し、今では100カ所の事業所が加盟する支部に発展した。「あかしあ」の法人が運営するの事業所はすべてきょうされんに加盟し、今でも北海道における運動を牽引する中心的な役割を担っている。

## ■第19回全国大会のこと

北村が北海道に戻り、きょうされん北海道支部の事務局を担うようになると、にわかに全国大会を北海道で開催するよう要請がきた。

きょうされん第19回全国大会（1996年6月・歓迎交流会）

当然、全国大会となると道庁所在地の札幌での開催が前提で、１９９３年には、ほぼ開催を決定し、それが全国の方針となった。

ところが、当時支部長だったＳ氏が、自ら施設長と社長を兼務する札幌の福祉工場と印刷会社の経理をめぐる不適切な会計処理をめぐる問題の責任から辞任に追い込まれ、同時に支部長を退任するという事態が起きたのだ。

きょうされん第 19 回全国大会・開会式（1996 年 6 月）

Ｓ氏はポリオによる小児麻痺で、自ら障害当事者らとともに印刷会社を立ち上げ、電動車椅子で颯爽と営業や行政交渉の先頭に立つ障害者運動のリーダーでもあったから、その穴はまさに大きな痛手だった。

しかし、嘆いてばかりはいられず、リーダー不在の札幌で全国大会は開催できないと判断した北海道支部では、急きょ開催地として北海道第二の都市・旭川に白羽の矢が立てられた。

１９９６年６月、旭川グランドホテルをメイン会場として開催することが決定されてからは、手づくり工房あかしあに事務局を置き、とにかく大会成功に向けてひた走るしかなかった。

当時、新任職員として入職したばかりの市原や三浦などは、22歳の若さで会場、交通、ボランティアの責任者として準備を任された。

そして迎えた大会は、前日から全国より旭川空港に降り立つ参加者など約１６００名を無事に迎え入れ、同年秋に封切りされる映画『学校Ⅱ』の宣伝も兼ねて、山田洋次監督による記念講演や、平和通買物公園での伊藤多喜雄・野外ライブによる歓迎交流会など、きょうされんの全国大会史に残る2日間を見事に成功させることができたことは、「あかしあ」の歴史上特筆すべきことだと思う。ちなみに、旭川藤女子高は、２日間でのべ６００人が全校行事に位置づけてボランティアとして協力いただいたことも後世に語り継がれる記録となっている。それにしても、雨天時対策のことはまったく頭にはなかったし、あの大会をわずか7人の職員しかいなかった「あかしあ」が事務局を担ったことは、今にして想えば奇跡かもしれない。

## ■山田洋次監督のこと

きょうされん第19回全国大会の旭川での開催にあたり、大会の記念講演は、「男はつらいよ」で有名な映画監督の山田洋次氏に依頼していた。そこで、大会のある年の4月初旬、旭川駅前で映画「学校Ⅱ」のロケのため山田監督が来旭すると聞き、直接ご挨拶に伺おうということになった。

その日、旭川駅前のロケ現場は大変な人出で混雑し、監督の姿をすぐには見つけられなかった。それでも駅前にあるデパート側の通路の中ほどのたくさんの人の群れの中に監督はイスに座り、それもたくさんのスタッフとの打合せで忙しそうだった。そのうち撮影が始まったらしく、駅の改札口から俳優の吉岡秀隆さんと神戸　浩さんが走って出てきた。その駅前広場を突っ切って通りに向かって全力で走るシーンが何度もくり返され、山田監督は二人を近くに呼んでは何か指導をしているようだった。

やがて撮影が小休止したとき、人群れの中であったが、監督の背後から、やっと声をかけ、挨拶をすることができた。山田監督はふり返り、車イスの青木に目を留めると、突然に「そこにお出になりませんか？」と撮影現場の駅前広場を指示した。あまりにも意外なことで、青木は直ぐに断ってしまったが、とっさの言動であったからこそ山田監督の日常の心の在りようが垣間見えた瞬間でもあったような気がした。そうなのだ、街のどんなところにでも、さまざまな人が歩いているはずなのだ。旭川駅前に車イスの人が歩いていても、それは普通のあたりまえの風景なのだ。そのことが、山田監督には日常の光景なのだと思った。

旭川では、４月に入っても時々雪の降る日があるのだが、山田洋次監督が一瞬の出会いに見せてくれた〝普通の風景〟は、人の温かさ、心のあり方をつくづく感じる小春日和のような一日であった。

## ■そして迎える第40回全国大会

そんな全国大会から、かれこれ20年が過ぎた。昔は「10年ひと昔」とよく言ったもので、「20年ふた昔」とも。それほどに、旭川で開催した全国大会は遠い過去の出来事になってしまった感があるが、なんと記念すべき第40回全国大会が、２０１７年9月15・16日の両日、再び北海道で開催されることとなった。今度こそ札幌でのリベンジ開催である。

21年前には、きょうされんの加盟施設は約20カ所ほどだったが、今では実に100カ所の事業所と１０００名の賛助会員を擁する組織に発展してきた、きょうされん北海道支部である。

その第40回大会は、北村が大会実行委員長を務めることとなり、札幌コンベンションセンターをメ

きょうされん第40回全国大会開催要項の表紙

第40回全国大会 in 北海道実行委員のメンバー

イン会場に、アサヒビール園北海道工場での歓迎交流会や、大倉山シャンツェや小樽運河を巡る障害のある仲間たちの観光など、2300名の参加者を迎えて成功を期すため、実行委員会は開催の2年前から結成し、早いうちから準備をすすめてきた。

実行委員を担った「あかしあ」の利用者や職員も、それぞれに役割を発揮し、北海道支部の利用者部会「どさんこファイターズ」の部会長を努める柳澤敏郎（あかしあ労働福祉センター第3作業所）は、障害のある仲間の代表として、前回大会の熊本に引き継ぎのため参加したリ、全道の会員を職員とともに訪問活動し、大会成功に向けての協力要請活動に自らすすんで参加した。デイアクティビティセンターあかしあの山浦幸喜は、4年前の第36回大会時は福島の会場責任者として活躍したが、今大会ではボランティア担当者として経験を生かした。越智亮平（あかしあ労働福祉センター第3作業所）は、ホームページの作成など広報担当として、その能力を発揮した。森田忍（あかしあ労働福祉センター第1作業所主任）も、協賛金の担当として全道各地を駆け巡った。

大会実行委員会とは別に、法人として利用者と職員など総勢約170人が大会に参加するための準備をすすめるのもたいへんなことだった。

まずは費用である。札幌とはいえ、参加費から宿泊旅費など、大会参加は法人として数百万円の一大旅行でもある。

そのため、参加募金の協力を1年以上も前から幅広く集めたり、滝川市のきょうされん会員事業所

「鷲津農園」と連携し、ミニトマトジュースを販売したり、30周年記念タオルを販売するなど、資金づくりにとりくむことで、全国大会への参加費をねん出した。

また、グループホームの２０１７年度の一泊旅行は、入居者みんなで全国大会に参加して札幌を堪能するなど工夫することによって財政的な負担を軽減する努力も行った。

費用だけでなく、大所帯の一泊旅行だけに、障害のある仲間たちが宿泊するためのホテルや緊急医療体制の確保など、検討課題は山ほどあるのだった。幸いにも、旭川市の福祉バスが大会参加のために派遣されることとなり、移動手段はなんとか確保できたが、結局、札幌市内の中心街のホテルでは宿泊をあきらめ、大会初日は定山渓温泉まで移動して宿泊することとなった。

## ■30年目の課題

「手づくり工房あかしあ」の開設から30年目を迎えた。

障害のある仲間は30年前の12人から150人、職員は０人から100名となり、作業所やグループホームなど、事業所数も増え組織は確かに規模としては大きくなった。それはそれとして、わたしたちが障害のある人や家族、そして地域の切実な願いに応えてきた貴重な成果と言える。

しかし一方で、施設（建物）が大きくなり、財政規模も膨らんできたことが、客観的には「楽になった」ように見えてしまうようである。

みんなの辞令交付式（2017年4月）

たしかに、無認可時代のように、明日はなんとかなるだろうし、2、3年先には、ひょっとして潰れてしまうかもしれないといった極貧状態のような苦しさもないであろう。ただし、「先の展望が見えない」という点では、今も昔も変わらず同じではないかと思う。むしろ、こんなに組織が大きくなったにもかかわらず、10年後、20年後の展望が見えないことの方が、よっぽど深刻のような気がするのだ。

手づくり工房あかしあを開設した頃は、小規模・無認可であっても、社会資源としての役割と運営の継続・発展に力を注いだ。社会福祉法人の設立をめざし、そして全国初の3種合築の通所授産施設を開設したときは、さまざまな困難を乗り越えてひとつの夢を実現したことがしみじみ誇らしかった。そして、法人設立から20年のあいだに、障害児学校在校生の卒業後の進路保障のため、そして障害の重い利用者でも地域で生活できる拠点をめざし、気がつくと次々と通所施設やグループホームなどの施設整備を進めてきたことになる。

しかし、社会保障・社会福祉をめぐる情勢はとても厳しく、社会福祉法人の解体につながる社会福祉法の改悪が強行され、それはまた憲法第25条と福祉の公的責任の放棄へと連動する危険に直結するおそれが大きい状況が進行しているのが現在のわが国である。そして、こうしたなかで、この先の法人の未来を展望することは一見すると実に難しい。

ただ言えることは、どんなに苦しくても、障害のある仲間たちが主人公であり、障害のある仲間たちの実態とねがいから出発し、原点として見失わなければ、組織はそう簡単にはぶれたり、ましてや潰れたりはしないということ。そのことを、どれだけ多くの関係者が肝に銘じていられるか、それがいちばんの課題なのだと思う。

世界に目を向けると、２００６年には障害者の権利条約が国連で採択され、２０１４年には日本もこれを批准した。障害者の権利保障をめざしてとりくんできたわたしたちの実践と運営・運動は、少なくとも、この潮流には決して逆らってはいないことにだけは確信をもって、これからも前に進んでいくしかあるまい。

# おわりに

「あたりまえに働き　えらべるくらしを～ともにあゆもう　たしかな道を　いま、北★の大地から～」をスローガンに、きょうされんの第40回全国大会が札幌コンベンションセンターで２０１７年９月15・16日の両日にわたり開催されることとなった。21年前の19回大会を旭川で開催した当時を想えば、北海道の仲間の輪がひろがり、そして「あかしあ」もたくましく成長したことが実感できる記念すべき大会を迎えられたことに感無量である。

きょうされんとともにあゆんできたこの30年。これからも、ぶれず、こびず、そしてあきらめずに、障害のある仲間たちが主人公となって前を向いて歩いていきたい。

なお、本書では、法人の基本理念である民主経営としての原則に関する試論的なフレームや、これまでの行政に対する運動など、歴史的な総括に関する紹介はあえて割愛させていただいた。

まだまだ組織としても未熟であり、これからも多くの皆様のご指導をいただきながら、組織的に成熟できるよう集団として努力を重ねる所存である。

障害のある仲間たちの人権が尊重される社会が地域で実現するその日まで――。

２０１７年９月　編著者を代表して　北村典幸

きょうされん
**わたしたちのめざすもの**

1 わたしたちは、障害のある人びとが労働を通じて社会に参加し、また、地域でのゆたかな暮らしを築く権利の保障をめざします。

2 わたしたちは、障害のある人びとと関係者一人ひとりが大切にされる事業体として民主的な経営をめざします。

3 わたしたちは、地域における共同の事業や運動をすすめ、障害のある人びとが生きがいと誇りをもてる社会をめざします。

4 わたしたちは、障害のある人びとの夢ある明日をめざし、科学と創造の視点を大切にしながら団結して前進します。


北の大地の仲間たち —anniversary edition

2017年9月15日　初版第1刷



編著者　社会福祉法人あかしあ労働福祉センター
〒071-8132　旭川市末広２条１３丁目６番１７号
TEL 0166-57-0888　FAX 0166-57-0808
Email akashia@cello.ocn.ne.jp
URL http://akashia-labor-welfare-center.jimdo.com



発売元　萌文社（ほうぶんしゃ）
〒102-0071　東京都千代田区富士見 1-2-32　東京ルーテルセンタービル 202
TEL 03-3221-9008　FAX 03-3221-1038
郵便振替　00190-9-90471
Email info@hobunsya .com　URL http://www.hobunsya.com

印刷・製本／モリモト印刷　　装幀／佐藤 健

ISBN978-4-89491-340-0 C3036